Yosie Crespo

Queríamos saber qué era una rosa
What is a rose? We Wondered

Translated by Hilary Vaughn Dobel

artepoética press

Nueva York, 2021

Colección
Rambla de Mar

Queríamos saber qué era una rosa / What Is a Rose? We Wondered

ISBN-13: 978-1-952336-00-3
ISBN-10: 1-952336-00-7

Design: © Carlos Velásquez Torres
Cover & Image: ©Jhon Aguasaco
Photo: © Oriette D'Angelo Cannizzaro
Editor in chief: Carlos Velasquez Torres
E-mail: carlos@artepoetica.com
Mail: 38-38 215 Place, Bayside, NY 11361, USA.

Yosie Crespo

Queríamos saber qué era una rosa
What Is a Rose? We Wondered

Translated by Hilary Vaughn Dobel

Colección
Rambla de Mar

Contenido / Contents

Una rosa es una rosa es una rosa
Gertrude Stein

A rose is a rose is a rose is a rose
Gertrude Stein

Queríamos saber qué era una rosa

Yosie Crespo

Bálsamos, refugios, armas de batalla, los poemas de Yosie Crespo en *Queríamos saber qué era una rosa* surgen de sentimientos muy poco comunes en estos momentos: la esperanza y la voluntad de lucha. Son poemas para los que han caído, para los que sufren persecuciones, violencias, desamparo, para los que sufren el mundo sin atreverse a renunciar. Son poemas de resiliencia en la belleza, en la palabra exacta, en la imagen sorprendente, en el hallazgo luminoso: y acaso ganar sea lanzarse al vacío con los ojos vendados/ o abandonar poco a poco la inocencia, nos dice la poeta en uno de sus más altos momentos. Los textos que forman este volumen están llenos de sitios, de situaciones en que el hablante junta su soledad con la del lector, porque en el fondo no hay fondo: hay una calle/ que es un espejo destejido por el tiempo.

Poeta con trayectoria vital y literaria importante, Yosie Crespo ha concebido este libro del mismo modo en que se vive la vida en estos momentos: contracorriente.

Manuel Iris

A balm, a refuge, a battle-weapon, the poetry of Yosie Crespo in *What is a rose? we wondered* arises from feelings that are all too rare in these times: hope and the will to fight. They are poems for the fallen, for those who suffer persecution, violence, helplessness, for those who suffer the world without daring to give up. They are poems of resilience through beauty, through the right word, through the surprising image, through luminous discovery: and perhaps victory is casting yourself into the void blindfolded/ or the gradual forfeit of innocence, the poet tells us in one of her greatest moments. The texts that make up this volume are full of places, of situations in which the speaker joins her loneliness with that of the reader because there's no ending to the depths: there's a street / a mirror undone by time.

A poet with an important personal and literary path, Yosie Crespo has conceived this book the very way we must live in these times: against the current.

Manuel Iris

¿Qué era una rosa?, ¿por qué querían saber qué era una rosa?, nos preguntamos los lectores de Yosie Crespo. Y es que si el uso del pasado marca una distancia entre lo que se observa y el lugar de enunciación, el plural y la pregunta implícita en el título nos invitan a pensar en lo que nos oculta y se oculta en el lenguaje. Tú, yo, estamos adentro de esa conversación que comienza como in media res, algo ya se dijo, algo ya ocurrió; participamos de esa intimidad, de esas "variaciones de la luz" adentro del poema. Las palabras se ofrendan como si de ellas emergiera un vaso de agua para calmar la sed o "unas manos como raíces" para que el cuerpo despierte y vea el bosque detrás. Es como si algo se acumulara en ellas; una raíz, una semilla que germina; nos aferramos a su hechura, a esa sonoridad que acumula y se hace altura. Parece que el verso es todo lo que se observa y todo lo que se observa es parte de ese camino hacia el bosque: rosas, higos, pájaros, luz, noches, "una ración de comida", lo que se mueve en las dársenas, una madre, un color, una nuca, una imagen que nos arrebata "con su cuerpo y maneras" como ésta, por ejemplo: "Aquí estaban las rosas/como aves atadas al suelo". En ocasiones, el poema nos muestra su desconsuelo aferrándose a un polisíndeton cuya urgencia nos da angustia y ganas; un sudor en el cuerpo parece ser la palabra, un "único movimiento de la luz cuando queda en los ojos". Se trata de una escritura que no se rinde ante lo roto, porque las palabras son vínculos, formas de ganarle al lenguaje. Y en esta economía victoriosa, el poema nos carga y nos mece en la respiración alargada y dirigida de sus versos. Quien lea este libro hallará en él su nido.

Silvia Goldman

What was a rose? Why did they want to know what a rose was? we readers of Yosie Crespo asked ourselves. And it is as if the use of the past marks a distance between what is observed and the place of enunciation, the plural and the implicit question in the title invite us to think about what is hidden from us and hidden in language. You, me, we are in that conversation that begins in medias res, something has already been said, something has already happened; we participate in that intimacy, in the "shifting of light" within the poem. The words are offered like a glass of water to quench thirst or "hands like roots" so that "the body awakens / and there is a forest behind." It is as if something accumulates in the hands; a root, a germinating seed; we cling to its making, to that sound that builds to the heights. It seems that the verse is all that is observed, and all that is observed is part of that path towards the forest: roses, figs, birds, light, nights, "a ration of food," what moves among the docks, a mother, a color, a neck, an image that carries us off "with her body and her ways" like this one, for example: "This is where the roses were / like birds pinned to the ground." At times, the poem shows us her despair, clinging to a polysyndeton whose urgency gives anguish and desire; sweat on the body seems to be the word, "the only movement of the light left in my eyes." It is writing that does not "surrender to broken things" because words are a bond, ways to master language. And in this victorious economy, the poem carries us and rocks us in the long, guided breath of its verses. Whoever reads this book will find their nest in it.

Silvia Goldman

Un libro para todos los que día a día combaten
la represión homosexual y la homofobia en todo el mundo.
Un libro para quienes aman sin miedo que es lo único sensato y
más importante de la vida.

A book for all those who fight
homophobia and the oppression of homosexuals
every day, the world over.
A book for those who love fearlessly—the only
sensible and most important thing in life.

No tientes a los ángeles de las vocales
no atraigas frases poemas versos
no tienes nada que decir
nada que defender
sueña sueña que no estás aquí
que te has ido
que todo ha terminado

Alejandra Pizarnik, 1956

Don't tempt the angels of the vowels
don't entice phrases poems verses
you have nothing to say
nothing to defend
dream dream you're not here
that you've gone
that everything has ended

Alejandra Pizarnik, 1956

LA PIEL CUBIERTA DE BANDERAS ROSAS

PINK BANNERS ON MY SKIN

En los campos de exterminio, cada prisionero llevaba un triángulo de distinto color invertido bordado en su ropa para designar la razón de su encierro, los homosexuales llevaban un distintivo rosa. Aunque los homosexuales eran solo una parte de los grupos que la exterminación del régimen nazi perseguía, es el grupo que más a menudo la historia excluye cuando se habla de este período de la historia.

El triángulo rosa es uno de los símbolos más conocidos por la comunidad LGTB. El triángulo surgió en la Alemania nazi, y recuerda el exterminio de homosexuales durante el nazismo.

La suerte de los homosexuales en los campos de concentración nazis constituye un polémico capítulo de la historia, reivindicado por unos, pero minimizado por otros. El grupo de internos con el triángulo rosa tuvo una tasa de mortandad de 60 porciento.

In the extermination camps, every prisoner wore an upside-down triangle of a particular color sewn on their clothing to indicate the reason for their imprisonment; homosexuals wore a pink badge. Although they were only one of the groups persecuted to extermination by the nazi regime, they are the group most often excluded from discussions of this era.

The pink triangle is one of the most recognizable symbols for the LGBT community. The triangle emerged in nazi Germany and commemorates the mass killing of homosexuals under nazism.

The fate of homosexuals in the concentration camps is a disputed chapter in history, claimed by some and denied by others.

Those interned wearing the pink triangle had a mortality rate of sixty percent.

En los retratos de hace tiempo
Una mujer desnuda

se manifiesta
en un open mic
en la leve luz que se asoma
en la marcha constante que se aleja
una mujer desnuda me cuida
con una cruz enorme me vigila
contra la hipocresía de los siglos
que siguieron y siguen

no oculta arma alguna
ni cuánto ha perdido
ni cuánto mundo acontece
y nadie la habita
y su mundo es cadáver de luciérnaga
y todo lo que sé de esa mujer me gusta
y lo que no sé existe como si fuera salvia
el extracto antes de escribir un poema

Esa mujer sé que se va y me lleva
en un suspiro
en una gota de sudor
hay semillas germinando
hacia un nuevo día.

In the portraits of long ago
A nude woman

shows herself
at an open mic
in the faint light appearing
in the constant and receding march
a nude woman tends to me
with a massive cross she guards me
against the hypocrisy of the ages
that go on and on

she conceals no weapon
nor how much she has lost
nor all the world's events
and no one lives within her
her world is a firefly corpse
and I like all I know of that woman
and what I do not know is like sage
the distillation that precedes a poem

I know that woman who goes off and steals away with me
in a breath
in a drop of sweat
there are seeds germinating
towards a new day.

Queríamos saber qué era una rosa

Dibújame una rosa -le exigió
y ella preguntó para qué.
Para que te des cuenta de hace cuánto
no dibujas una rosa.

Una rosa es una rosa es una rosa
Gertrude Stein

Aquí estaban las rosas
como aves atadas al suelo
me enseñaron a escapar del sitio que nos encierra
a salir sobre el pavimento en pequeños trozos
solo para descubrir los reductos más oscuros de la vida
y del mundo lo que tengo
y he creído tener lo que he creído tener
pero nunca con una completa seguridad
quién puede comprender aquello que se va
sin pensar en el cuerpo como un hilo una línea una especie
/de vacío
que azuza el espíritu cuando el silencio alarma
y hay una leve imitación que suaviza en el placer de la fatiga
que condena y que transcurre en medio del ruido rápido
y he perdido nombres ante la magnitud
de quien logra traspasar el día
porque acaso perder sea cuestión de fijarse
puesto que, para empezar: una rosa nunca es solo una rosa
y acaso ganar sea lanzarse al vacío con los ojos vendados
o abandonar poco a poco la inocencia
y sea también poder dejarlo todo
porque creer que ellas solo se acostaban al caer
rendidas ante lo roto
sería lo mismo que vivir con el corazón raído por el miedo
de pronto estaba todo como en los abismos que soñaba
/para mí
perdí la cuenta cosas de mí que tal vez era yo quien

What is a rose? we wondered

"Draw me a rose," she demanded
and she asked what for.
"So you can see how
you do not draw a rose."

A rose is a rose is a rose is a rose
Gertrude Stein

This is where the roses were
like birds pinned to the ground
they taught me to escape our prison
to come up from the pavement in little strokes
only to discover the darkest strongholds of life
and from this world, mine
and all I thought was mine
but never with that utter certainty
who can understand what leaves
without thought for the body like a thread a line a kind
/of emptiness
bearing down on the spirit when silence disquiets
and there is an easy imitation that softens in the pleasure
/of fatigue
condemning and passing by amid the racing clamor
and I've lost names in the face of one
who manages to go about the day, their significance,
perhaps because loss is a question of attention
given that, to start: a rose is never just a rose
and perhaps victory is casting yourself into
/the void blindfolded
or the gradual forfeit of innocence
and the ability to leave it all as well
for believing the roses only slumbered as they fell
surrendered to the broken things
would be living with a heart scraped out by fear
suddenly everything was like the abysses I dreamed

/habría de saber
harta de estar siempre en el tope de la vida
extranjera de mi propia historia
en letras encuadernadas y en lágrimas
no me extraña en lo absoluto seguir con vida.
queríamos saber qué era una rosa y lo supimos
no era un cuadro de cisnes colgados en una sala
no era una línea ni un círculo no era un fragmento
era apenas un tramo impreciso
era un monstruo que se come todas las verdades
era un fuego apenas sosteniendo su llama
en un exilio voluntario sobre bandas paralelas
era un objeto de lujo y para saber del amor era necesario
allí estaban las rosas: no era difícil reconocerlas
irrumpían desaforadamente en la gruta en la que nace
la promesa de un cielo claro que caía
donde más tarde íbamos a escondernos
sin Dante para explicarnos
que esa gran sombra que dejábamos
no era más que la esencia secular de los sentidos
y lo único que separa la vida
de la nada absoluta.
ahora quiero pensar que estoy más viva que nunca
que algo de todo perdura y se revela ante mí
que en la ausencia relativa de un afecto
podría decir soy libre y lo digo
quien siempre ha padecido de todo látigo
creyéndolo eterno descubre en el milagro de caer
que el nacimiento no es la caída
sino todo lo contrario
y no me canso
de esta punzada que brota a través de los miedos
de esta sed inextinguible que lo dispone todo
de esta manera solitaria de avistar el camino y el regreso.

/for myself
I lost count of it all, things about myself only
/I should have known
sick to death of being always on the brink of life
stranger to my own history
in bound lyrics and tears
it does not shock me in the least to carry on with life.
we wondered, what is a rose? and we knew
it was not a picture of swans hanging in a room
it was not a line a circle a fragment
it was just a cloudy expanse
it was a monster that devours all truth
it was a fire barely keeping its flame alive
in voluntary exile above neighboring borders
it was a luxury and it was a necessity to know of love
there were the roses: it was not hard to recognize them
they burst forth outrageously in the cavern where
the promise of a clear sky is born falling
to where we would hide later
without Dante to explain
how that great shadow we left behind
was nothing more than the secular essence of the senses
and the only thing that separates life
from total nothingness.
now I want to think I am more alive than ever
that something of everything remains and is revealed to me
that in the relative absence of a loved one
I could say I am free and I say it
one who has suffered every lash
believing it eternal, discovers in the miracle of falling
that birth is not the fall
but the opposite
and I do not grow weary
of this stabbing pain that rises up through my fears
this unappeasable and all-commanding thirst
this solitary way I catch sight of the road and the return.

Yo pisaré fuerte por la vida

En los magníficos siglos futuros
el hombre se convierte en un número que anda
y en palabras llenas de ruidos que aniquilan el mañana
yo desesperada, busco
en este filo el trayecto de la bala
que entra y sale veloz
abandonada, ella, sola y abandonada
yo no elegí estas rejas
no elegí el cansancio cósmico que nos persigue
ni esta luz que se apaga
ni el presente ni la trampa
ni las hachas del tiempo que aparecen
sin más de la nada
yo desesperada, busco
nuevas dimensiones que se abran
ocultas para otros ojos
los senderos por los que vine
de frente al miedo
caminando despacio pero fuerte
y escribiendo en el cenit la utopía
y habrá tinieblas
incluso en la sonrisa del ventrílocuo
incluso en la luz de las antorchas
incluso en las palabras que perfilo

pero yo pisaré fuerte por la vida
los hombres no matarán al cordero.

I will stomp through life

In the magnificent future centuries
man becomes a walking number
and in words full of sounds that annihilate the morning
all hopeless I seek the bullet's trajectory
entering and exiting swiftly
along this edge
abandoned, the bullet, abandoned and alone
I did not choose this cage
I did not choose the cosmic fatigue that dogs us
nor this guttering light
nor the present nor the trap
nor time's candles that appear
with no further due
all hopeless I seek
new dimensions
dark to other eyes
that unfold the paths by which I came
facing my fear
walking slowly but surely
and writing utopias at the high point
there will be darkness
even in the ventriloquist's smile
even in the torchlight
even in the words I scrawl

but I will stomp through life
the men will not slaughter the lamb.

Un poema es un bálsamo
preciso para suavizar las grietas

Eso queda: retener en la mirada el deshacerse.
Hanni Ossott

Yo amaba de tus ojos ese vínculo
ese brillo de las piedras del camino
ese rincón de olvido donde habríamos leído
los pasos de guerreros imposibles
y de planetas lejísimos y fijos en el agua,
y el modo secreto de tu boca en agonía
yo amaba con certeza dolorida
ante el salto formidable de la muerte cerca
y no pudiendo tocar lo que otro viento
yo amaba cada curva de tus hombros
y el cielo abajo
y el gran pájaro pausado de la noche
                    en su misterio
y no pudiendo negarte
en la existencia de reflejos indecisos
yo amaba esa inquieta y dramática alegría
de la desesperación de no poder estar en todo sitio
y amaba (tengo la certeza) el nombre donde habitas
con la estelar forma de un lenguaje oculto
cuando se guarda en silencio cuando se anuncia a sí mismo
cuando simplemente yo amaba
con algo de ti bajo mi cuerpo
(algo que golpeaba con furia)
todas las vidas que no estaba viviendo
algo como una pérdida un pinchazo
como una eterna dicha de tanta nada
algo como una pieza de algo superior
como un bálsamo preciso para suavizar las grietas

ya basta de tanta fuga

A poem is a necessary balm
to smooth the cracks

This remains: to hold the undoing in our gaze.
Hanni Ossott

I always loved that pull from your eyes
that gleam of paving stones
that forgotten corner where we would have read
the footsteps of impossible warriors
and distant planets motionless in the water,
and with aching certainty I always loved
the secret way of your mouth in agony
when you faced the daunting, near-death leap
unable to touch what another wind might
I always loved your shoulder's every curve
and the sky below
the great unhurried night-bird
                              in its mystery
and unable to deny you
in this life of wavering reflections
I always loved the unsettled and astonishing joy
in the despair at ever being everywhere
I always loved (I know it) the name where you dwell
with the starry shape of a secret language
now locked away in silence now declaring itself
when I was only always in love
with something of you beneath my body
(something that struck ferociously)
all the lives unlived
almost like a loss a lash
a perpetual bliss of nothingness
almost like a fragment of something greater
a necessary balm to smooth the cracks

enough already with this lost cause

hace una hermosa noche de verano
y no hay emoción que no haya dicho
y hay algo más y una palabra breve
que todo lo rompe y todo lo justifica
ningún umbral tan hondo hacia ese umbral
que siempre te prepara para nacer primero
y cada vez más convencida de lo que pudo ser
la llave que todas las puertas anulara
y que es en el convencimiento de amarse
desde una intersección única
donde se está plenamente seguro
de que es en ese punto realmente cardinal
donde algo ocurre:
no somos los otros
en nuestra médula hay un fuego que recorre las arterias
un fuego que guarda un fuego que entibia
imposible y latente detrás de las paredes
un fuego en la boca que busca el grito de la mano misma
que desde arriba con hilos nos sujeta
y en el destello de nuestros ojos encontrados
yo amaba
convencida de que seríamos eternos
y lo fuimos
en ese cerrar de ojos donde amortigua el sol
en ese signo de vida a expensas de la incertidumbre
en ese asombro sin cura de la suerte cuando está echada.

it's a beautiful summer night
no feeling left unspoken
and there is something more a fleeting word
that fractures it all, justifies it all
no dawning so deep into that dawn
always readying you to be born first
and ever more convinced of what could be
the key that voids all doors
which lies in the conviction of self-love
from a lone crossroads
where one is entirely certain
of what is in that truly cardinal point
where something comes to mind:
we are not the others
in our core a fire runs through our veins
a vigilant fire a fire that warms
unrealized and impossible behind walls
a fire in the mouth seeking out the scream of the very hand
that strings us up on high
and in the gleam of our meeting eyes
I loved you
convinced we would be forever
and we left it
in the eyes closing where the sun grows soft
in that life-sign of life that costs our certainty
in the incurable astonishment when the gods have spoken.

Secos los higos

Se habían secado los higos
y era esa pólvora de caracol que era un oído
y era ese dulce arder de la boca
donde se habían secado los higos
de mi pequeño mundo
de un soplo efímero
sin hacerme morir
para aliviarme de la furia
del país de la casa del barrio del hombre de una mujer
y del pájaro que se llevó al país
con la rapidez de una sombra ciega
y uno crece
y ciertamente
no es un pájaro no es una luz
no es una lista interminable lo que llena la hoja
es un código es una vida son símbolos de sangre
a cambio de la muerte
es un vaso rebosante de olvido
es un sueño de esfinge de mujeres umbrías
es un llanto que cae sobre las hojas de los árboles
más viejos
yo pude haberlo entendido
pude haber roto con el aroma de lo que nunca había sido
qué es el tiempo sino una línea inflamándose de luz sobre
un espejo
ese dramático rumor de los cuerpos en la dársena
ese impulso de lo que oímos a los lejos
no era más que el susurro de un pájaro perdido
—nos unía— en ese intento de fuga
en esa impaciencia de arrancar hacia adentro
lo que pende implícito y de repente me mira
y quise escapar de la mirada
pero ya se habían secado los higos
y adentro también el poema soterrado
desgarrando de la tierra sus raíces.

Dry figs

The figs had dried
and it was that seashell full of gunpowder that was my
inner ear
that sweet burning in the mouth
where the figs had dried
from my little world
from a passing breeze
without putting me to death
relieve me of my fury
of nation of home of man of a woman
and to relieve me of the bird stealing away to the country
swift as a sightless shadow
and one grows
and surely
it is not a bird not a light
not an interminable list that fills the page
it is a code a life symbols in blood
in exchange for death
it is a glass brimming with oblivion
a sphinx's dream of shadowy women
a weeping that falls on the leaves of the oldest
of trees
I could have made it clear
I could have broken form the scent of that which I had never
been
what is time if not a brightly-burning line along a mirror
that shocking rumor of bodies in the harbor
the thrust of which we heard at a distance
was no more than a lost bird's murmur
—it brought us together—in that attempt at flight
in the impatience to tear inward
which hangs wordless and suddenly beholds me
and I wanted to escape that beholding
but the figs had dried
and outside, too, the poem lay buried
its roots tearing up the earth.

El caos en el hombre

El caos forma parte de la jaula
tiene pies tiene manos tiene nombres
y huesos mal equilibrados
y un áspero signo que pronuncia el monstruo
en cada piedra cada sol cada golpe sobre el vacío
como si fueran algún dios de Dios
hay hombres que están lejos de Dios y más cerca de la jaula
hay hombres un poco más a la derecha
y hay hombres un poco más a la izquierda
y hombres aullando como ovejas perdidas
lejos
de cuánto coágulo
de cuánta niebla oscilando ante una puerta
y cuántos siglos de infamia
cuentan los intervalos de la sombra
y yo invisible como una semilla mal plantada
en el centro de esta tierra húmeda.

The chaos in mankind

The cage is part chaos
it has feet hands names
and rickety bones
the harsh portent of a monster
in every stone every sun every strike at the emptiness
as if they were some god of God
there are men far from God and closer to the cage
men a little to the right
men a little to the left
and men bleating like lost sheep
far
from such a flock
from that fog wavering at the door
and all those centuries of infamy
counting intervals of shadow
and I, invisible like a misplanted seed
down among this damp earth.

El paso del tiempo en la madera

Hay un pájaro púrpura que vive en mi interior
lo observo cantar blancos jaicús
mirando sin ansia su propia especie
hay un pájaro dentro de la carne solo
desdibujado por el olor del abismo
y en plena búsqueda lunar
es como si estuviese mudo o esperando
para quedarse en silencio
o es solo idea mía ese pájaro
que juega a no ser
cuando irrumpe de pronto en el oscuro azul
que le da vida o quizá le da más muerte
y no tiene sombras no tiene manos que sostengan
el paso del tiempo en la madera
tiene un hastío un dolor tiene una furia
un ruido un fingir de labios que apresuran
el grito que no llega nunca al fondo
y no termina de caer
y tanto párpado inquieto donde había infancia
y tanto hielo que rompe el calcio
de tiempos no vividos
algunas veces acepto su respuesta y olvido
que hay un pájaro oculto en otra parte de mí
que me une a la vida
entonces descubro que existe
en otro fondo en donde vuelo desnuda
y no me guardo del que me esquiva
y no me guardo del que me abraza
y es un mordisco de perro
es un murmullo un amor de mil años
que no causa la muerte
es una amnesia de cosas que están en uno mismo
y es un sorbo y una sed con perfil de antepasado
remoto.

Wood, with the passing of time

There is a purple bird that lives within me
I see it singing white haikus
a tranquil eye to its own kind
there is a lone bird within the flesh
hard to make out through the abyssal odor
and immersed in the moon-quest
it is as if I were mute or hoping
to remain in silence
or it's just my fantasy, this bird
that plays at unbeing
when it erupts, sudden, into the dark blue
that gives it life—or death, perhaps—
that has no shadows no hands to hold
wood with the passing of time
it has a weariness a pain a fury
an uproar a feigning of lips biting back
the scream that never reaches bottom
that falls endlessly
and that twitching eyelid where it had its infancy
and that ice that cracks the calcium
of unlived times
sometimes I accept its answer and forget
there is a dark bird in another part of me
that joins me to this life s
then I discover it exists
in another nothingness where I'm flying bare
and vulnerable to what eludes me
and vulnerable to what embraces me
it is no little dog-bite
no whisper of a thousand-year love
that brings death
but an amnesia of those things in oneself
and a mouthful and a thirst with the profile of
a distant ancestor.

Como todo lo ajeno

El tiempo que une las tierras cuando yo no esté
el olor a pasto recién cortado
y los yuyos amarillos con casa en el fondo
los cuatro elementos de Tomás Sánchez
colgados en galerías de tardecita
y el mundo muerto en la constancia sin paisaje
siempre es el mismo: todo tiene una raíz
una fuga de responsabilidad anterior
una casa llena de objetos escogidos minuciosamente
como todo lo ajeno
para refugiar la soledad se necesita tiempo
entre lo abstracto y lo concreto
me abruma que todo no sea más que un paseo
y aunque siento que es más que un paseo
sé que solo se trata de un juego
piensa que no estás muerto que estás por nacer que
                                          /no te vean
dentro de dos mil años volverás a beber la misma leche
                                          /de nodriza
tendrás deudas que pagar hijos que mantener
enredado con el pasto en vez de atacar el problema de raíz
es siempre una estafa porque lo más grave ya
                                          /ha tenido lugar
pienso en los vasos recién lavados
en el agua acumulada en la pileta
para diluir el mundo que te tocó
no es cosa mesurada lo que el barro esconde
la rama en lo alto
y el sol cuando inicia su descenso.

Like everything I do not own

How time unites the land when I am gone
the smell of freshly cut grass
the yellow weeds with a house in the background
the four elements by Tomás Sánchez
hanging late in the galleries
and the dead world in its featureless persistence
is always the same: everything has a root
an escape from prior responsibility
a house filled with objects hidden meticulously away
like everything I do not own
giving refuge to solitude takes time
I enter into the abstract and the concrete
afraid it is nothing but a little stroll
and though I feel it as more than that
I know it is a scam
consider that you are not dead that you are about to be born
/that they do not see you
will return across two thousand years you to drink that
/same nursemaid's milk
you will have debts to pay children to provide for
tangled in the grass instead of attacking the problem at its
root
a scam like before because the worst has already come
/to pass

I think of the frshly washed glasses
of water creeping up in the basin
to dissolve the world that touched you
it is no modest thing which the mud hides
the branch in the heights
the sun in its descent.

Enigma

El fin del dolor
se vende
como un puñado de arena
se escurre entre las manos
se hunde en un espejo
no es sino el umbral de la ignorancia
aún si evitas una muerte
otra te encontrará
el comienzo comienza
menos vida o más vida o poca vida
no sabemos del final
sino sólo su enigma.

Enigma

The end of pain
is for sale
like a fistful of sand
slipping through fingers
submerged in a mirror
it is ignorance dawning
should you escape one death
you will encounter another
the beginning begins
less life or more life or a little life
we do not know the ending
only its enigma.

Monólogo interior

De a poco me transformo
en esa mujer que aparece en la esquina
todas las tardecitas
para llegar a una máquina
y sentarme a escribir poemas enigmáticos
que veo girar quisiera verlos girar
comprobar que existen
bajo la mirada de quien lee
que están ahí todavía
frente al sol de noche
donde yo alzaba mi corazón
situado dentro de una casa
y de los salmos preferidos
y de lo que es fuente y agua que se queda
en los cuerpos tendidos todavía temblando
y en tu ropa última esperando que la muerte no pasara
estas cosas de a poco me transforman
hasta que finalmente nadie me puede reconocer
y aunque sé que soy yo
y a veces no lo soy
en serio.

Interior monologue

Little by little I transform
into that woman who turns up on the corner
in the wee hours
and goes to a machine
to sit and write enigmatic poems
that I see spinning would like to see spun
to prove they exist
before the gaze of the reader
that they are still there
before the late-night sun
where I lift up my heart
there within a house
and the favored psalms
and that which is font and burning water
in the outstretched bodies still at tremble
and in your final clothing hoping death will not pass by
little by little these things transform me
until at last I won't be recognized
and although I know I am me
sometimes I am not
really.

Has caminado libre y resuelta

por la angustia primigenia de las muñecas
de las playas y de los montes
y por los anuncios luminosos de los jueves de Vallejo
y por otros cielos en donde arden felices multitudes
y jóvenes de espuma y miedos que te distancian
de otoños y de molinos
y por ese deseo que por un segundo consuela el cuerpo
dónde acabarás
y en dónde tendrás tu tumba de viento
pero hay siempre un momento de la tarde
que se instala a medida que se gana terreno
y al menos en una de sus formas te has descubierto
en la memoria de quienes te amaron
y en los entresijos de otros universos
donde aún podríamos encontrarnos.

You have walked resolute and free

through the primal fear of dolls
of seashores and mountains
through the luminous omens of Vallejo's Thursdays
and other heavens where the happy thousands burn
and youths of foam and terror that distance you
from autumns and windmills
and from that wish that briefly comforts the body
where you will end
and have your tomb of wind
but there is always a moment in the afternoon
that settles in even as it gains ground
and in at least one of its forms you have found
the place we could yet meet
in the memory of those who loved you
and the hidden nooks of other universes.

Punto de vista

No es mentira
este cansancio gris de los hoteles
que se viste de hambre
de la cercanía infranqueable de los cuerpos
no es mentira el álamo ni el roble
ni una sola rama
donde la luz se anida
no es mentira que a algún país lejano
perteneces
te vi cavar abismos
con tus manos circular el laberinto
por la escalera anónima
de voces que te nombran
te vi distante y próxima
no sé si hubo espejo donde reflejar tu imagen
la fiebre de la carne la sed de los labios
no es mentira que evoco tus pasos por la casa
este deseo de sentirte cotidianamente
distanciada y tranquila
en las quietas horas
en que buscas la firmeza de las nubes
no es mentira mi mano inmersa en los faros
tan solo se entreabría
ante la absurda terapia de tu voz
no sé si aún te acuerdas
nos uníamos como bocas
bajo cualquier excusa
para fijar el instante
y el olor a sombra florecida
no es mentira
que la rosa de abril se abre y vive
para ser siempre nueva
quién sabe sino en vano
te vi saborear despacio el desayuno

Point of view

It's no lie
this grey weariness of hotels
all dressed in hunger
for the bodies' impassable closeness
it's no lie, oak or poplar
not a single branch
where the light nests
it's no lie that you belong
to some faraway country
I saw you digging chasms
circling around the labyrinth with your hands
by the anonymous stair
of voices calling you
I saw you near and far
I do not know if it was a mirror reflecting your image
the fever of the flesh the thirst of the lips
it's no lie that I call up your footsteps through the house
this desire to feel you daily
calm and aloof
in the quiet hours
when you seek the clouds in their
my hand deep in the beam of a lighthouse is no lie
it would only begin to open
to your voice, its absurd therapy
I don't know if you even remember
we joined like mouths
on any pretext
to fix the moment
and the scent of blooming shadow
it's no lie
that the April rose unfolds and lives
to be ever new
who knows fate in vain
I saw you relishing breakfast

como un león vencido
que mansamente acude
al final del banquete
te vi allí donde el amor
moría tantas veces
en contra de mis hábitos
tu y yo era lo único que moría de veras
y no es mentira ante todo lo que es falso
soy rueda veloz que no claudica
te imagino
hablando de cosas inconcretas
con el acento de voz doliente
donde estoy yo y el labio no censura
presiento que estás detrás de todo
y en el fondo de todo
—no te he inventado—
sin duda te guardo en la memoria
entre sus dulces entresijos
con el perfume áspero de Julio
y en las creencias sostenibles del trino y la palabra
aquel pacto aún sostiene sus racimos de flores
y eso es lo más importante
y al menos eso lo sé
desde mi punto de vista.

like a lion in defeat
that proceeds meekly
at the end of the feast
I saw you there where love
died so many times
against my ways
you and I were the only thing that died in truth
and it's no lie in the face of everything false
I am a swift and tireless wheel
I imagine you
speaking in abstractions
in accents of pain
where I am myself and the lip does not denounce
I reveal that you are behind it all
and in the end
—I have not made you up—
doubtless I keep you in my memory
its tender ins and outs
with the harsh perfume of July
and in the sustainable beliefs of speech and birdsong
that grass even holds up its clusters of flowers
and that is what matters most
and this much I know
from my point of view.

Algunas indicaciones sobre la vida

No hay nadie y nada existe

Como si el rojo de la aguja del tiempo
                    indicara
lo que dura el acto mismo de vivir
como en los mensajes de un extraño código morse
de esa parte de la vida en que creemos ciegamente
donde nada queda intacto
ni se sabe en qué páramo oscuro de los días
el tiempo lo deshace

y es el silencio la única enfermedad de nuestro siglo
con que contamos nuestras pérdidas
y las cicatrices mal cocidas
de un cercano recuerdo
en el umbral como intranquilos huéspedes

y pensar que de ese laberinto propio nace el naufragio
que de un silencio sucio y corrosivo
sin un mínimo átomo de gloria llega la respuesta
de esa parte de la vida que transcurre
a pesar nuestro

y pensar en las luces redentoras y en la huida del día
no habiendo perdido la esperanza y el asombro
quizás lo explique todo:
a donde ya no estamos jamás se regresa
porque al marchar lo que muere en su fondo
no puede latir solo.

Some instructions for life

No one, nothing exists

As if the red of time's needle
                    signals
how the very rite of living lasts
as in messages in a strange Morse code
from that part of life we believed in blindly
where nothing remains whole
the darkened plain of days where time unties it
is unknown

silence is our century's only sickness
that speaks of our losses
and a memory's ill-knit scars
just there on the doorstep
like unquiet guests

and to think that out of that very labyrinth is born the wreck
and ruin
that out of a filthy and corrosive silence
without the tiniest particle of glory the answer comes
from that part of life that goes on
despite us

and the thought of redeeming lights in the day's escape
still holding hope and astonishment
perhaps explains it all:
we can never return to the place we are not
because what dies in the heart upon leaving
cannot beat alone.

Esta ciudad
Esta casa
Esta isla repentina
Esta sombra

esta mancha
esta mujer fatal bajo mi nuca
esta lengua esta boca que en los abriles todos te nombran
esta tristeza que no tengo que de todo vestigio de dolor
/se vaya
estos trazos de tiza borrados por el agua
este quererte hacer demasiado lento
y este quererte decir demasiado de prisa
estos peces de un solo color en mi piedra ordinaria
esta niebla de tiempo que el límite corrompe
este frío pronunciando lo que el otoño calla
esta tierra esta carne este fulgor que sorprende
que se marcha sin haber mirado antes
este asomo de luz en este desierto apagado
y este final ubicado de mi nave entre las dársenas
este estruendo de dios como la sucesión singular
de lo que no podrá definir la circunstancia
este abrumar de las horas y este fenecer gratuito
de esta hondura que reposa delante de mis pasos
y esta voz de haber amado sin ocultar la misma fuerza
y este llegar del silencio para decirnos más sobre el silencio.

This city
This house
This sudden island
This shadow

this stain
this fatal woman at the base of my neck
this tongue this mouth that calls your name when
/April comes
this sadness I must flee at the slightest hint of pain
these chalk lines erased by the water
this wanting to slow you down
and this wanting to hurry your speech
these fish of a single color in my ordinary stone
this fog of time decaying at the edges
this biting cold that autumn stills
this earth this flesh this shocking glow
that goes and never looks back
this trace of light in this fading desert
and this ending located from my ship among the docks
this crashing forth from god like the singular succession
of something unable to define the situation
these hours dragging and this unasked-for perishing
of this depth that settles before my footsteps
and this voice, having loved without hiding its very strength
and the silence arriving to tell us of itself.

Poema espiral

En el fondo no hay fondo
hay un extremo
dejando caer todo el peso
una invocación de todas las que deseo ser
y no he sido
en el fondo hay otro fondo (paralelo)
una existencia continua
de mis manos en alto
hay un medio por el cual se canaliza
el signo que me rompe y a la vez me apacigua
en el fondo descanso como un tronco seco

en el fondo no hay fondo: hay una calle
que es un espejo destejido por el tiempo.

Spiral poem

There is no ending to the deepest depths
there is a way
that lets fall all the weight
an invocation of all I wish to be
and have not been
there's another bottom in the depths (parallel)
an existence flows
from my uprised hands
in this way it is channeled
the sign that tears me apart even as it soothes me
I rest in the deep like a great dry branch

there's no ending to the depths: there's a street
a mirror undone by time.

Selva y Babel

Ocurre conmigo que soy como los abedules
en un poema de Robert Frost donde los abedules hacen
/cric-crac
rama con rama cuando el viento fractura el esmalte
/que los cubre
perseguida y sin culpa incluso cuando el lazo rígido tensa
e incluso cuando los huesos rotos vuelven a soldarse.
no soy yo, son las fibras crujientes quebradizas de los días
que ocupan mi lugar en el mundo
qué alivio que no dependa totalmente de mí
nos estalló en las manos dijo Rainer
todos vimos cómo empezó la película
y todos sabemos cómo termina
los poderes gozan del "all-inclusive"
y los reformistas discuten el programa
bien disimulado el marketing
con su leche letal nos alimenta
y la lluvia sobre el zinc canta
hacia el oscuro reclamo del bosque.
parecíamos gigantes, pero éramos pequeños
y el viaje más lejano que hicimos fue hacia el miedo
y el miedo lo afea todo
como la ausencia del padre en el borde de los platos que
/fregaba mamá
o cuando hablaba de irnos hacia el país del norte
o cuando tiempo después dejamos de pagar el alquiler y
/nos quedamos en la calle
mientras crecía esta mujer que siempre huye
en el país del norte no hay vacuna que cure el dolor de los /
árboles talados
demasiado pronto
y ahora es tan pálido el cielo que da miedo mirarlo
pero soy paciente
al menos sé que soy como un poeta beat

Jungle and Babel

It occurs to me that I am like the birches
in a Robert Frost poem where the birches go crick-crack
branch by branch when the wind breaks their
/enamel covering
blameless and harassed even when the wicked snare
/goes taut
even when the broken bones begin to knit.
it's not me, but the crackling, brittle fibers of the days
that take up my place in the world
what relief that it does not all depend on me
it blows up in our hands said Rainer
we all saw how the film began
and we all know how it ends
the powers enjoy the all-inclusive
and the reformists discuss
the well-disguised marketing program
nourishing us with its lethal milk
and the rain sings against the zinc
unto the dark claim of the forest.
we looked like giants, but we were small
and the longest journey we made was to fear
and fear ruins everything
like the absence of the father on the edges of the plates that
/mamá broke
or when she would speak of us leaving for the country
/to the north
or when sometime later we stopped paying rent and lived
/in the street
while this woman who always runs away was growing up
in the country to the north there is no vaccine to ease
/the pain of trees
cut down too soon
and now the sky is so pale I am afraid to look at it
but I am patient

ante los ojos de mi perra y eso es todo
que la poesía te llene dijo Marosa que te haga reventar
déjalos que te entierren con los románticos
en realidad, ganas espacio
de pronto estás ahí en medio de la transacción
en esa curva contemplando el mar y el precipicio
así que ante la ausencia de todo sentimiento nunca digo no
siempre despierto en implacable convivencia con
                              /el préstamo preciso de cada día
y cada noche vuelvo a extrañar con locura el curso frenético
                                                        /de la vida
y aunque el mundo se desmorone
prefiero pensar que al menos me queda
el canto de los mirlos albeando en la memoria de las piedras
el iceberg imaginario de Bishop y de azules imposibles
las agujas y este sueño de abedul
aunque apenas sea una línea iluminada por los coches.

at least I know I'm like a beat poet
in the eyes of my dog and that is all
Marosa said that poetry fills you that it bursts you
let them bury you with the Romantics
you will actually gain space
suddenly you are there in the middle of the transaction
on the bend overlooking sea and cliff
so that in the absence of every sentiment I never say no
I always awaken in implacable coexistence with each day's
                                        /exacting loan
and every night I return wildly missing the frenetic course
of life
and though the world is collapsing
I prefer to think at least I'm left with
the song of the blackbirds dawning in the memory
                                        of stone
Bishop's imaginary iceberg and impossible blues
the needles and this dream of a birch-tree
though it is bu a line in the glare of the headlights.

Eran los días

Eran causa de los pájaros
y de la tranquilidad de la juventud
esos días inmensamente húmedos
que llegaban en silencio
abiertos a todo lo que el día echaba
en su caparazón cerrado de penumbras
eran los tiempos de lilas blancas
les bastaba con existir
y estar en el lugar hacia el que iban
para dar prioridad a la ausencia
trazaban con tiza el cuerpo liberado
y eran los días tras la pared desnuda
y una pequeña estufa eléctrica
eran los días de la erosión de los rostros
los días de la carne y de los huesos.

Those were the days

They brought birds
and the tranquility of youth
those deeply humid days
that came in silence
open to anyone they chose
in their fastened shells of half-light
it was the time of white lilacs
it was enough for them to exist
and be in the place where they were going
they were outlining the body set free in chalk
to give priority to absence
and those were the days behind the bare wall
and a little electric stove
those were the days the faces wore away
the days of flesh and bone.

¿Te acuerdas cómo era la vida?
cómo eran tus amigos
cómo eran los martes donde alguien dijo
estuve complicado y era cierto el vacío de los atardeceres
/magros
te acuerdas lo que había antes de los jeroglíficos
apenas una luz una pequeña luz para encontrarte
nos daban la mano —al parecer— a eso le decían amor
y también a lo que parece no llegar y llega
y al tiempo de la vida cotidiana
tenías que adaptarte nada de estar así
no se puede entender que te derrames
te sintetices como quienes viven
entre el miedo y el ansia de alcanzar la suerte
te acuerdas cuando aquel sueño de oscura raíz
sobresalía de pie y hacía un abismo alrededor de mi vientre
entonces fértil en aquella navidad todavía inocente de
/mi vida
como de mentira eran las calles hacia la capital del paraíso
te acuerdas de La Plaza adonde fuimos mil veces, a pesar
/de todo,
para saber qué había dentro, colgados
de una sola obsesión de que aquello
era el secreto mejor guardado del mundo
te acuerdas cómo era de hermoso el brillo de una herida
de un país de columnas que apenas sostenían
un ritual para el olvido, a veces yo me enojo
del mismo modo en que terminan los capítulos
en un agujero que se traga la vida
donde cada sonido es siempre a destiempo
y uno aprende a mirar las cosas desde más lejos
o desde otro lugar circunstancialmente feliz
te acuerdas de los textos de libertad engañosa
de aquel intraducible calor de nosotros
de las consignas de amor
de los diarios y de toda tu cólera

Do you remember what life was like?
what your friends were like
the Tuesdays when somebody said
I was complicated and it was true, the emptiness of meager
/afternoons
do you remember what came before hieroglyphics
barely a light a little light to find yourself
we shook hands—it seemed—with that thing they called
/love

and with what seemed not to arrive and arrives
and with the hours of daily life
you did not have to change a thing to be like that
it cannot be understood that you spill yourself out
you capture yourself like those who live
between fear and the anxiety of reaching one's fate
do you remember when that dream with hidden roots
reared up and out over an abyss around my belly
fertile in that still-innocent nativity of my life
what a lie were the roads to the capital of paradise
do you remember the Plaza where we went a thousand
/times, despite everything,
to know what it has inside, hanging
on a lone conviction
that it was the best-kept secret in the world
do you remember how lovely it was, the shine of a wound
of a country of columns that barely held
a ritual for forgetting, sometimes I get angry
the same way when chapters end
in some pit that swallows up life
where every sound is always out of time
and one learns to look at things from far away
or from some other circumstantially happy place
do you remember those texts of false freedom
of that untranslatable heat of us
of the slogans of love
of the daily papers and how all your rage

no alcanzaba para aliviar la espera
y la verdad ingresaba por los poros
se hundía en las partes blandas
con apodo de animal y era incomprensible
que no fuera incluida jamás
en un poema.
te acuerdas de las excepciones
del gesto final, de la gente
como en una propaganda para decirte
que el golpe de la verdad final y sin atraso
nadie sabe dónde está
y si aparece se pierde, y es común
que siempre haya un grupo de gente
tan parecidos a nosotros
perdidos por el mundo.

was not enough to ease the wait
and the truth was entering in through the pores
sinking into the soft parts
under the name *animal* and it was incomprehensible
that it never made it
into a poem.
do you remember the exceptions
of the last gesture, of the people
telling you like propaganda
that nobody knows where
truth strikes its final and immediate blow
and if it appears lost, and it's common,
that there is always a group of people
so very like us
lost to the world.

La posibilidad

Es punto por punto lo que tejemos
y en tiempo limitado sobrevivimos
improvisando sin un plan
matices impensados de una hipótesis

y es en el presente una nube de tierra
que guarda la secuencia de un final absoluto
donde hay mentiras de más y compromisos
y altos secretos todos escondidos
que sucumben con el sonido de la sed
como la noche.

Possibility

Bit by bit we weave it
and we survive a little while
making up thoughtless shades of a hypothesis
without a plan

and in the present it is a dust-cloud
that keeps the sequence of an absolute ending
where there are lies and tight spots
and high secrets all hidden
succumbing to the sound of thirst
like night.

Causa de vida

Cada vez más distante de la luz pones tu mano
para no despertar al sueño
intacta en el vértigo y en la mitología
no estás en el logro que se anhela
ni en lo denso ni en lo liviano
y no estás en la vida de algún centro no único
y cada vez donde el camino tiene algún sitio no estás
no ansías la certeza que ocurre temporalmente en las cosas
hasta encontrar entonces lo distinto
que es aquello que acierta de lo que somos
igual que un desgarro donde uno dice estar
y en las fricciones de la madera
sigues buscando algún dios
y en esa fisura sin avanzar
alguien hunde sus pies en lo que ya está roto
y un espejismo es el otro lado
manteniendo la distancia
de esa peligrosa puerta.

Reason for living

Each time you put your hand further from the light
so as not to awaken to the dream
whole in the myth and vertigo
you never achieved that yearned-for success
neither the hard going nor what's easy
and you aren't there in the life of some anonymous center
or every time there is space on the road
you do not desire the temporal certainty of objects
until you come across the difference
there that sees what we are
like a rip someone says is there
and in the rubbing of the wood
you go searching for a god
and in that fissure, without advancing
someone sinks their feet into something already broken
and the other side is a mirage
keeping its distance
from that perilous door.

Al pie de la letra

*La palabra es una mancha que manifiesta los límites de
un paisaje anterior en el que aparece la luz a la manera de un simulacro
o una secuencia de sombras.*

Las manos como raíces
es el fenómeno físico más real
donde el cuerpo despierta
y hay un bosque detrás
y una fértil llanura surcada de norte a sur
y un lugar en el cosmos
y una hora de regreso que se abre a tiempo
la que reservaste —apenas un dolor de lado—
en el umbral del tiempo o mano de dios
con la que amamantas
otra vez el hambre

yo pienso que escribir es preguntarse
qué sabemos y cuánto dura
de lo que podemos decir nuestro.

Letter footer

> *The word is a stain that manifests the limits*
> *of an earlier landscape, the light appearing in the manner*
> *of a simulacrum or a sequence of shadows.*

The truest physical phenomenon
is hands like roots
where the body awakens
and there is a forest behind
and a fertile lowland ploughed north to south
and a place in the cosmos
and an hour of return unfolding unto time
an hour you held back—just a sore hand—
in the dawn of time or hand of god
an hour nursing
hunger once more

I think writing is asking yourself
what we know and what endures
of what we can call our own.

La vida, es eso

Lo que las noches señalan por encima de los gritos
y en el salto hacia atrás de miedo y duda
lo que las noches para perder anuncian
para ser citadas en una página escrita
lo que queda de las noches
de esa agua sin luz que me convoca
y lo que de las noches silba como un mantra indescifrable
la noche que me previene de ti
porque alguna parte tuya me trae cierta calma
y yo no sé si es buena o si es mala esta luna que oscurece
y este modo de medir la llama con palabras
yo no escribía para nombrar en ellas
lo que llevaba por dentro
yo no escribía para lo bondadoso y florecido entre tú y yo
yo no escribía las palabras sucias por el placer de la palabra
de lo que estira la lengua y devora y lame en lo prohibido
yo no escribía para nombrarte porque sin nombrarte apenas
sí alcanzaba a definirte
yo escribía con la certeza de tu ausencia
sin tus manos apostando a morir en cualquier parte
yo escribía para convencer al otro de que eras alguien
de ese modo perdido y con la fe absoluta de quien sabe
que una luciérnaga en la noche por fin libre
era la vida.

That's life

The nights signal it above the screams
and in the backward leap of fear and doubt
the nights announce its loss
to be quoted on a written page
what remains of the nights
of that lightless water calling to me
the night hissing it like an impenetrable mantra
the night that kept me from you
because some part of you is sure to calm me
and I don't know if it's good or evil, this darkling moon
or how to span the flame with words
I did not write to name them
what I carried within
I did not write for what was flourishing and kind
                                        /between you and I
I did not write dirty words for the pleasure of the word
of something that stretches the tongue that licks and feasts
                                        /on the forbidden
I was not writing to name you because, without naming you
I could define you, yes
I wrote in the certainty of your absence
without your hands betting on death in whatever part
I wrote to convince the other you were somebody
lost like that and with the absolute faith of one who knows
that a glow-worm in the night, free at last
was life.

LA OTRA FELICIDAD

Es la única

THE OTHER HAPPINESS

Is the only one

La puerta

Esta es una puerta
solo una puerta
por ella entró mi madre
mis abuelos
mis mejores amigos
los amantes un día para acompañarnos
allí estaba la puerta
y los recuerdos domésticos
que aún habrían de partir
la furia los gemidos y el perro
y ya por aquellos años
las diversas opiniones de los vecinos.
esta es una puerta
solo una puerta
por ella se fueron:
mi madre los abuelos los mejores amigos
las mujeres y los hombres que siempre me acompañan
y todos los que meramente sobreviven también
escaparon por la puerta
hacia un cuerpo mayor
o hacia una vida más plácida
algunos pensaron regresar
a comprar la casa
o para contar la experiencia de la vida
y qué de los que se fueron antes
los que a partir de allí solo eran monstruos
buscando la calma en su dolor
y en el camino frágil de la memoria.
algunos ciertamente nunca volvían:
la vida se ocupaba de alejarlos
estaban destinados a renunciar a sí mismos.

The door

This is a door
just a door
through it passed my mother
my grandparents
my closest friends
lovers to keep us company one day
the door was over there
and homely memories
yet to leave
the fury the wailing and the dog
and all through those years
the neighbors' constant opinions.
this is a door
just a door
through it left:
my mother grandparents closest friends
the women and men who always keep me company
and all those, too, who barely survived
they escaped through the door
into an older body
or a more peaceful life
some thought to return
to buy a house
or tell their life's story
and what of those who left before
those reduced to monsters as they went
seeking respite from their pain
and some never ever returned
on the fragile road of memory:
life took care to keep them distant
destined to give themselves up.

Aquí estoy yo con la vida

La vida discurre en este trozo de papel escrito
en los misterios del aire
y en la presencia de la lluvia que florece
la vida me sujeta
a esta luz que ahora me cubre
a los libros que escribí
a las personas que estuvieron antes
y a las personas que luego vendrán
a esta casa y a la otra y a la otra casa
y a ciertos hábitos primordiales
aquí estoy yo con la vida
que no sabe vaciarse de recuerdos.

Here I am with life

Life flies by on this scrap of paper
written in the airy mysteries
and in the presence of flowering rain
life fastens me
to this light draping over me now
to the books I wrote
to those who came before
and those who come after
to this house and the other and the other house
and to certain primal habits
here I am with life
unable to empty itself of memories.

Único movimiento de la luz cuando queda en los ojos

Para Anacé

Descubro al cabo de los años
lo que no pude de ningún modo escribir
sobre el efecto espeso de lo oculto que revienta
que se oculta que se quema
cuando la brazada avanza
en la mañana después del cansancio
y en el apuro de la inmensidad
y en la noche anterior y sin escape
donde sopla la furia
y la flor se abre limpia

nombre que alguna vez sentí
nombre que limita el cuerpo
nombre que me mueve
prende esta lámpara
para que el espacio que se anuncia entre nosotros
permanezca encendido
para que vengas a salvarme
al menos hoy
sin siquiera habernos propuesto este deber de sentir
quién sabe si es amor o no es amor
lo que nos fue dado

(y es mejor que no sepa)

en galaxias cercanas se abren puertas
que apuntan hacia tu nombre
lo que confirma verificable la experiencia
siempre oculta de un salto
no es una mera pretensión
como tampoco lo es
dejar que alguien te atraviese
con su cuerpo y maneras

Yosie Crespo

The only movement of the light left in my eyes

Anacé

After all these years I'm discovering
what I could never manage to write
about the density of the crashing dark
that is hidden, is burning
when the arms propel one forward
into morning after rest
and in the rush of immensity
of the night before
where fury storms inescapably
and the flower unfurls clean

name I once felt
name that bounds the body
name that moves me
light the lamp
so the space that rises up between us
keeps burning
so you'll come to save me
at least for today
without us making sense of this duty to feel
who knows if it's love or not,
this thing that was given to us

(and it's better if we don't)

in neighboring galaxies doors
that lead to your name are opened
proving the experience of a leap
is verifiable
no mere pretense
nor is it
letting someone pierce you
with her body and her ways

87

uno o dos inviernos atrás
fuiste apenas un reflejo
pero ahora puedo verte
al quedarme con los ojos cerrados
incluso si apagaran las luces estás
te expandirías como una mancha de aceite en el agua
te sostendrías en el sobresalto de la primera mirada
te disolverías en el antiguo lenguaje de las viejas palabras
y para debilidad mía
existencia de sobra cuando dijiste alguna vez
que *el silencio en su borde tiene algo de deseo*
y que se hace un tajo en la palabra
y que la palabra al mismo tiempo
es la lengua que lame la llaga
descubro al cabo de los años
que se puede incluso comprobar metafísicamente
que es en el amor donde se encuentra la confirmación
para soportar cada corte abrupto
y aferrada a esta certeza a esa roja mancha
no espero nada como también lo espero todo
en este canto de cosas que tímidamente nos abrazan
como dos gotas de agua cuando el cielo se aproxima.

one or two winters back
you were little more than a reflection
but now I can see you
whith my eyes closed
even if they turn out the lights there you are
spreading like an oil-slick on water
suspended in the shock of the first glance
dissolving into the ancient language of old words
and for my weakness
the life of excess when you once said
silence is edged with something of desire
and slashes into the word
even as the word
is the tongue that licks the wound
I discover after all these years
that one can even prove metaphysically
that love is where the evidence lies
enduring every sudden cut
and clinging to this certainty that red stain
I hope for nothing just as I hope for everything
in this song of things that timidly embrace us
like two drops of water when the sky draws near.

Yo, jaula

Esa jaula que yo tengo le dije
no es una jaula sino muchas jaulas
no un solo cuerpo sino muchos cuerpos
y de una sola voz y de todos los gritos
esa jaula que yo tengo le dije, hace falta
lleva mil años conmigo son pedazos de sangre
restos de cosas vagabundas
que no existen y que llegan a gritar
en alguna tarde espléndida esta jaula
llena de rosas acostumbradas a la tierra.
esa jaula de las ciudades donde he vivido
y esa jaula que voy alejando de la muerte
al día siguiente del día siguiente
esa jaula que yo tengo le dije
es lo único que nos separa.

I, cage

That cage of mine I told her
is not one but many cages
not a single body but many bodies
and from a single voice and many screams
that cage of mine I told her, it takes
it carries a thousand years with me like clots of blood
traces of nonexistent, wandering things
that start to scream
one splendid afternoon this cage
full of roses accustomed to the ground.
that cage of the cities where I've lived
and that cage that I go keeping back from death
until the next day from the next day
that cage of mine I told her
is the only thing that keeps us apart.

Profundo en un sueño

Cuando uso el perfume de mi madre
tengo acceso al mapa del extravío
y a una mano de mujer que me toca
sitiada entre otra mano insegura y el absurdo
donde preciso de brazos que se instalen
—dentro de mí— y sobre los labios de mis días
para luego convertirse en gritos ardidos por el frío
y contra todo filo la flecha despiadada
cuál flecha soy yo
cuál mancha de tiempo en el sillón
me hizo creer que conocía a Dios
y por qué al llamarlo ya no me tiembla la voz
si mientras todos parten la rueda gira
y no se sabe si es real
la puerta por donde se ve a Dios dormir
ni si hay ciudades que volveremos a ver
ni túneles abiertos que dejó mi madre
ni si hay rostros desnudos contra la primavera
ni si hay noches que se alargan como en un sueño.

Deep in a dream

When I use my mother's perfume
I can access the map of loss
and a woman's hand touching me
there between the uncertain hand and the absurd
where I need arms to keep me inside myself
to cover the lips of my days
so they might turn to cries of passion for the cold
and the heartless arrow against every edge
which arrow am I
which time-stain on the chair
made me believe I knew God
and why does my voice no longer shake when I call him
if everyone sets off while the wheel turns
and does not know if the door
from which God can be seen to sleep is real
or if there are cities we come back to see
or open the tunnels my mother left
or faces bare against the spring
or nights that lengthen like a dream.

Poesía

A medida que me acerco ella me busca
y a medida que me alejo ella me encuentra
no tengo nada que perder
estoy donde ella quiere.

Poetry

Halfway through my approach it seeks me
and halfway through my retreat it finds me
I have nothing to lose
I am where it wants me.

El tiempo

Se han callado los grillos
y los indómitos valles imprecisos centellean
y los antiguos árboles retumban a lo lejos
y las aves que aun transitan en este nuevo presente
marcan el hilo que deshilabas trayendo muerte
y ya los perros no ladran
no descubren aquello que se escuda
y tampoco te tapas los ojos para ver entre los dedos
se han callado los grillos y la luz que alumbrábamos
en nombre de lo perdido
perforan
más allá del espejo
roto.

Time

The crickets have gone quiet
and the irrepressible ambiguous valleys are sparkling
and the ancient trees resound in the distance
and the birds that travel even into this new present
show the thread you frayed when you brought death
and still the dogs don't bark
they will not uncover what is shielded
nor do you cover your eyes to peek between your fingers
the crickets have gone quiet and the light that lit us up
in the name of what was lost
are piercing
out beyond
the broken mirror.

SÉ QUE TENGO UN POEMA como tengo

miles de agonías, ciudades
saliendo de mí con toda fuerza
y en donde soy como los peces rojos:
crezco para que los otros no puedan conmigo
y si me doy cuenta de que he crecido
así como la esquizofrenia el poema me sitúa
en un mundo lleno de animales desvaídos
del cual aún me encuentro lejos
durmiendo en una casa incendiándose por dentro
en donde soy otra mujer con hambre de vida
y con un listado de cosas prescritas
impregnadas sobre las cosas mismas
de tu boca y de mi boca en perfecta simetría
o cuando soy líquido y paloma o ave que se queda
dormida en la fachada de una iglesia
o en otro rincón oscuro
que será descartado por falta de evidencia
o porque sé que lo tengo   en el fondo
como lo sabe el amor perecedero
¿me esperará? ¿partirá sin mí?
y si bajo el árbol de higos despierto
sé que otra vez estoy llegando
a esta necesidad de sombra y de sol
a esta sensación de escribir verdades a secas
y a esta rigidez que duele hasta las hojas.

Yosie Crespo

I KNOW I HAVE A POEM the way I have
a thousand agonies, cities
coming out of me at full force
where I'm like red fish:
I grow so the others can't take me
and if I realize I've grown
just like schizophrenia the poem places me
in a world of gaunt and pale animals
where I find myself far away
asleep in a house burning from within
a world in which I am another woman hungry for life
with a list of prescribed things
laid over the same things
from your mouth and mine in perfect symmetry
or when I am liquid and dove or bird that remains
asleep in the façade of a church
or in a dark corner
that will be dismissed for lack of evidence
or because I know I've got it   deep down
as it knows love perishes
will it wait for me? go on without me?
and if I awaken beneath the fig tree
I know I'm arriving once more
at this need for shadow and sun
this feeling of writing truth to drought
and this stiffness that aches beyond the pages.

Poema de las horas

Esta es la hora azul
la hora de Lorca
la hora en que el ruiseñor golpea
en la hora justa del amanecer
donde el papel caído resuena
la hora hasta ahora se ha volado lejos
y la hora obediente que no abandona
uno encuentra eso que quizás no encuentra
en la incógnita equivocada hora
que inventamos para abrir lo que sea
yo asumo la hora que no encierra ningún secreto
la hora sagrada de apenas un sueño
la hora atrapada sin ataduras
hace de mí lo que quiera.

Poem of the hours

This is the violet hour
Lorca's hour
the hour the mockingbird strikes
in the precise hour of daybreak
where the fallen page reverberates
the hour has skipped off until now
and the obedient hour that will not leave
one finds what one may not find
in the unknown, misguided hour
that we devise to open up anything
I accept the hour that locks up no secret
the holy hour of just-a-dream
the hour captured without chains
makes of me what it will.

Noche

LA NOCHE no se ve se intuye: la noche mientras caíamos en un estruendo de brazos abiertos para envolverte; la noche de esa última carta para mí fue la noche que la cicatriz salpicó con diálogos en el aire de los que la viven como si fuera la noche una ración de comida; la noche del Génesis y de Hesíodo y del estado primigenio del cosmos; *la noche de los vientos del sur, noche de las estrellas grandes y escasas —noche serena que me llama—* tierra del gris de Whitman como la noche que circunda y que me habita; la noche como principio y la noche de lo oscuro de nosotros; la noche de las tinieblas de Marduk contra Tiamat; la noche haciendo un conjuro y derramando tu sueño sobre mí; en el instante en que te miro muere un milenio sobre las cenizas aún humeantes de esta noche; la noche que nos demuestra que la noche puede ser entendida —como algo que estuviese esperando un dios que la creara— ; la noche que despunta su terrestre dominio en la noche de un mundo sin nombre; de un país sin nombre de una ciudad sin nombre más allá de lo del día es la noche sin nombre de toda mi furia; la noche que sale al revés en las *próximas cartas* y la noche que al derecho es el círculo infinito que carece de término y medida.

a través de mí surgen: *noche de los enfermos y de los inconsolables*; noche *de los ladrones y de los enanos*; noche de aquellos que oprimen a los otros; la noche de lo traído hasta aquí, en la cama nuestra de la primera noche; la que pasa lenta como si no estuviera ocurriendo; la noche de todas las verdades en la que los dos nos miramos y sonreímos; la trágica noche transmutada en sucesivos slogans de marketing; *noche que te vas dame la mano; noche que gritas que algo se fue para siempre*; la noche de Darío y de Cervantes; la historia de la noche en que mis ojos no vieron la noche de Borges en unos ojos sin luz se deforma y se apaga; las mil y

Night

NIGHT doesn't go, you know: the night we were falling through the sound of arms that opened to enfold you; the night of that last letter to me was the night the scar splashed the air with words, the breath of those who live off the night as if it were a ration of food; the night of Genesis and Hesiod and the cosmos in its primal state; *the night of the south winds, night of the large few stars—noche serena que me llama—*Whitman's *gray earth* like the night that wheels 'round and dwells in me; like the first night, and the night of our darkness, of Marduk's clash with Tiamat; the night that casts its spell and pours your dreaming over me; when I see you, a millennium dies across tonight's still-smoking ashes; how night shows us that it might be understood—like a thing that awaits some god to create it—night's earthly kingdom emerging into the night of a nameless world; in a nameless country in a nameless city far beyond the day is the nameless night of my fury; night gone upside-down in the *cards to come* and the night off to the left of the infinite circle without end or center.

they pass through me: *night of the sick and inconsolable*; night *of thieves and pigmys*; night of the oppressor; night of what was brought here, to our bed, that first night; how it passes slowly as if none of this were happening; night of all truths, where the two of us behold ourselves and laugh; tragic night transformed into a stream of marketing slogans; *noche que te vas dame la mano; noche que gritas que algo se fue para siempre*; night of Darío and Cervantes; the story of the night my eyes could not see the night of Borges in those lightless eyes, crumpled and burning; the thousand and one nights of a poet's dream in which my nights were few and I had no choice but to seek out a perfect love; night black as the horse of the third horseman of the apocalypse and the starry night over Van Gogh's Rhone; night suspended

una noches de un sueño de poeta en las que yo tenía pocas noches y no contaba con otro remedio que buscar el amor absoluto; la noche como caballo negro del jinete tercero del apocalipsis y la noche estrellada sobre el río Rhone de Van Gogh; la noche suspendida de la paz de Cristo en su cruz; la noche de los hombres que duermen y de las mujeres que piensan; la noche es posible a pesar mío —y está siempre muy cerca— ; la noche es mi rosa, no sé; yo he sido de esas noches en la enramada donde tú solías montarla; *noche de placeres sobre nubes tibias de nadie; la noche de suavidad de noche* de Lorca yo he sido de esas; noches con frío de nieve entre los estanques; noche fabricadora en el ocaso: no ardes más; la noche la que aún muerta me seguirá buscando.

in the peace of Christ on his cross; night of drowsing men and thoughtful women; night that could be, in spite of me—and always so close—perhaps night is my rose; I come from those nights in the arbor when it carried you off on its back; Lorca's night *de placeres sobre nubes tibias de nadie; la noche de suavidad de noche,* I come from those, too; nights cold with snow out on the lakes; night woven through the sunset: burn no more; night that sends me searching, even in death.

Sobre el valor de las definiciones

El acta la conquista la mentira
la palpitante noticia de los puños pequeños
para de pronto descubrir
que no eras aquella misma mujer
y que los días se conformaban con mirarte vivir
apenas un sueño en la oscuridad que ilumina
(no sé si eras tú quien realmente estaba dentro)
me quedé esperando para abrir la puerta
y dejar que entrara el tiempo
apostaba por el encanto de la médula
impulsado por la invariable certidumbre
de quien confunde su propia tumba
con las alas luminosas de un cuervo
y no hubo rastro de dios —debió caerse sobre los olivos—
todo íntimo y lejano como el dios que conocía
en mi niñez
y dejé pasar el día
y las noches las empleaba para coser cicatrices
y no estaba triste
si fijas la mirada durante mucho tiempo
y más tarde puedes cerrar los ojos y esperar
el mundo te devuelve esa chispa de fuego
más allá de lo humano de lo real a lo irreal
y no es que lo dude
oscuras son las formas de los bosques trazados
por los dedos de la fiebre
es por eso por lo que hoy puedo sentir
y ondean victoriosas
mis palabras esas piedras lanzadas al tiempo.

On the value of definitions

The act the conquest the lie
the palpitating herald of little fists
suddenly discovering
you are not that same woman
and the days were content to watch you live
just a dream shining in the darkness
(truly, was it you who lay within?)
I stood there hoping to open the door
and let time enter in
I wagered on the marrow-spell
driven by the unwavering certainty
of one who mistakes her own grave
for luminous crow's wings
and there was no trace of god—gone crashing down among
the olive trees—
all intimate and distant like the god I knew
in girlhood
and I let the day go by
and by night I knit scars
and I was not sad
if you stare a long while
then later you can close your eyes and hope
for the world give you back that fiery spark
out beyond what is human what is real to the unreal
and it's not that I doubted
dark are the shapes of the forests
finger-drawn in a fever
this is why I can feel today
and my words wave triumphant
those rocks I throw at time.

Mundo intermedio

Entre una imagen tuya
y otra imagen de mí
hay un mundo paralelo en donde todo está sin usar
justo de espacio y transparente
donde se expanden fin y principio
sin que yo sepa muy bien cómo
el nuestro es la réplica de ese mismo
día donde soy y donde todo está permitido
y es bueno así
parece que no hay en este mundo
nada más que nosotros.

Halfway world

Between your image
and another, mine,
there is a parallel world where everything is transparent
does not take up its proper space
where end and beginning spread forth
without my quite knowing how
and ours is its replica
days where I can be and all is permitted
and so it is good
it seems that in this world there is
nothing but us.

Lamento de ángel oculto ante revelación

Porque nadie es bello eternamente
ni bueno eternamente
ni pulcro ni sabio ni manso eternamente.
Porque nadie ama eternamente
ni arrastra su máscara eternamente.
Nadie pacta con Dios
ni soporta su desamparo eternamente.
Nadie imagina que la muerte
se convierte en la manera casual de aceptar las cosas:
porque eternamente es atroz el infierno de los desfallecidos
porque la sombra se esconde
porque se instala con éxtasis alrededor del camino el hambre
porque petrificada la piedra no vuelve jamás al consuelo
y el grito es largo, contagioso, inútil, vacío, angosto, podrido,
absurdo…
Porque la soledad tiene estrías de ácido.
Porque la usura trabaja a favor de los lobos
que me condenan al abismo.

Lament of the unseen angel upon revelation

Because no one is lovely forever
good forever
faultless or steady or wise forever
No one loves forever
nor bears their mask forever.
No one bargains with God
or suffers his neglect forever.
No one imagines death is transformed
in the way things are casually accepted:
because the hell of the weak is unbearable forever
because the shadow is hidden
because hunger and ecstasy move together on the road
because petrified, the stone never gains relief
and the scream is useless, contagious, empty, rotten, long,
thin, absurd…
Because solitude is grooved with acid.
Because usury is in service of the wolves
condemning me to the Otherworld.

YO TE NOMBRO PÁJARO aquietado y diminuto
como en las cintas imaginarias de Sherman
en los registros evidentes de cualquier guía turística
y en los templos
como a un hijo que regresa de la guerra perturbado
y hundido en el goteo de la hora en que se vuelve
yo te nombro
desde el futuro para que existas
y también desde la tarde en el silencio
y entre las letras de tu nombre
y desde la propia vida
y desde la decisión última
y en la realidad de esa fantasía tirana
que me obliga desde siempre
y abajo con la neblina de la noche
y desde otro tiempo para nombrar tu tiempo
y sobre esa otra puerta que el tiempo dispone
yo te nombro
no sea que te conviertas en un mal irreparable
donde todo lo nocturno te pertenece
salvo en las aproximaciones al amor
y en los caminos minados de la conquista
ajeno de las sombras y de los recuerdos
en los portales y en las alamedas
yo te nombro y te miro con rigor
frente a un mundo de desiertos lleno
donde el resto de los pájaros lleva al unísono
tu nombre
lo llevo como quien entra desorientado en algún sitio
que es a la vez misterioso y conocido
te pareces a todo lo que vive
y a todo lo que tal vez sea mito en mi mente
qué puedes hacer sino atormentarme
si por todas partes sales imprevisto
así que me adhiero a tu mano de ala abierta
de caudal que avanza sin saber

I NAME YOU BIRD gentled and small
as in Sherman's imaginary films
in the clear registers of a tour guide
and in the temples
as in a child back from the war, disturbed
and sunk into the trickling of the hour of his becoming
I name you
from the future so you might exist
from the past in silence
between the letters of your name
from life itself
from the final verdict
and in the reality of that tyrant fantasy
always forcing me
and under fog of night
and from another time to name your time
and over that other time-bound day
I name you
it cannot be that you change into an irreparable evil
where all the night-things belong to you
save in the approach to love
and in the mine-shelled roads of conquest
alien to the shadows and the memories
in the hallways and boulevards
I name you and I see you so clearly
against a desert world
where as one the other birds carry
your name
I carry it like one who enters disoriented into a place
at once mysterious and known
you look like everything alive
and everything that might be myth in my mind
what can you do but torment me
if you go off everywhere without warning
me clinging to the wingspan of your hand
from flow that goes forward not knowing

qué puertos qué ecos aún no escucho
o si podía existir una mañana de sol
es decir, una palabra
es decir, polvo de alguna ventana
si acaso hay ventanas
aún no sé en qué otras estaciones
alguien nos ve cruzar
y si te encuentro, aunque por otros caminos vayas.

Yosie Crespo

what ports what echoes I do not yet hear
or if I could exist one sunny morning
is to say, a word
is to say, dust on a window
if there happen to be windows
still I don't know—in what other seasons
will they see our paths cross?
And though our roads are not the same, will I meet you?

_115

Ser feliz

en este viaje continuo a lo cotidiano
en las horas y en los instantes y en las sombras
y en las carreteras y en los autos iluminados
que nadie te detenga a su paso
sin remedio y sin fuerzas y para intentarlo
todos los días sin un porqué
para que la alegría se prolongue
ser feliz con lo que pactas
de una manera inexorable y a diario
ser feliz para seguir andando
aunque no haya nadie.

To be happy

on this unceasing voyage to the daily
in the hours and the instants and the shadows
on the highways in the lit-up cars
so no one stops you on their way
with no remedy and no forces and to set out
every day without a why
in this way happiness unfurls
happy, your peace made
inexorably, day by day
happy to go walking
though nobody's there.

Memoria del cuerpo

Las cicatrices ya no las puedo cambiar
anudadas sin luz resucitan el temor hacia afuera
ya no se ven y he decidido amarlas
y ya no es tanto el dolor (se ven allí tan inocentes)
y lo que queda amanece en mí siempre sereno
y ya no les reprocho nada
pero como todas las cicatrices me mantienen alerta
para que no olvide la suerte de no sentir miedo.

una cicatriz es un hombre condenado al sueño
que no se deja despertar.

The body's memory

I cannot change the scars
knotted in the dark they bring the fear back out
but they won't go and so I have decided to love them
and still the pain is not so great (they go about so innocent)
and what remains dawns ever serene in me
and still I don't begrudge them a thing
but like all scars they keep me watchful
so I don't forget what it is to fear

a scar is a man trapped in a dream
that bars him from waking.

Territorios

Las perdidas ciudades de la desesperación
se sacuden inquietas en un barrio de ¿Brooklyn?
y es la abrumadora sensación de estar lejos
es esta incansable dominante costumbre
de no cesar de no cesar de no cesar
y es esta evidencia que es amor si quieres
cuando es la hora de salir a buscarlo y decirle que entre
porque se hizo de noche y hace frío. hoy se mezclan
anónimas aún para darle otro nombre a esa vieja luz
                                                     /que alumbra
y he atravesado las variaciones de la luz y el peso para
                                                     /llegar aquí
y la desolación de la noche última
y la agonía verde de los árboles
sobre las pequeñas hojas blancas
y las puertas que no fueron inventadas
totalmente ocultas bajo viejos sauces
y aun así lo hemos hecho
al modo simple de una escena de amor
y de una herida absurda que se impone cuando miro atrás
sería feliz por siempre
si olvidaras algo tuyo sobre la mesita
algo que al respirar asuma el mármol de las puertas
algo más palpable que el pez la máquina y el cielo triste
donde crecen las violetas
algo para pasear por las calles de esta ciudad extraña
de aspecto alzado y con su luna artificial
algo donde el día muera como un gesto inconsciente de vida
y de la máscara audaz de los espejos.

Territories

The lost cities of despair
shake restless in a neighborhood of . . . Brooklyn?
and it is the oppressive sense of being far away
is this non-stop ever-present habit
of don't stop don't stop don't stop
and this is proof that it is love if you like
when it is time to go out and find it and tell it come in
because it was getting dark out, and cold. today they merge
anonymous even call it by another name to that old light
/that shines
and I have borne the shifting of light and weight to get here
and the desolation of the final night
and the green agony of trees
above the little white leaves
and the doors that never were
completely hidden beneath old willows
and even so we have done it
in the simple manner of a love-scene
the manner of an absurd wound I need to look back
I would be happy forever
if you would leave something of yours on the nightstand
something breathing that takes over the marble of the doors
something more palpable than the fish the machine and the
/sad sky
where violets grow
something that walks the streets of this strange city
its upturned face its artificial moon
something where the day dwells like an unconscious sign
/of life
and the daring mask of mirrors.

El final

> *"Líbranos, Señor,*
> *de encontrarnos*
> *años después,*
> *con nuestros grandes amores".*

Cristina Peri Rossi

No es que la ruta sea absurda y reclinada
no es que los ángulos interiores tengan surcos que no bajen
no es que te mueras que te extiendas hasta donde el ojo
/humano alcanza a ver
es que uno tiene buena parte de la vida en el aire
en el aire que es de vidrio molido olitas que devoran
el susurro de la voz adentro de nosotros
cuando decías que era miedo decías que eran sogas,
/sogas no, eran espinas
hacia dentro, pero era un ascensor cerrándose
boca arriba en el piso
yo anduve en todas las letras de los tangos tristes
en las plazas y arterias que salen a los puentes
anduve en la corriente entre dos mujeres de domingo
y en todo lo contrario
anduve a pesar de los rencores dulces contra junio
mientras las puertas temblaban para que pudiéramos mirar
/y tocarnos
sin pudor, pero no pude
alimentar al lobo dormido debajo de la mesa
de qué sueño de infancia habrá salido
de qué sangre de qué húmedo pantano edénico
no es nadie no le toques los pechos
no le muerdas en su ramo nocturno de la sombra
tan hembra esta mitad ya de tu vida
a quién se la dirás
y cuando puedas ya abrir los ojos
atrévete a mirar

The end

"Deliver us, Lord,
from meeting
our great loves
years later."

Cristina Peri Rossi

It's not that the road is tilted and absurd
it's not that the interior angles are grooved and
/won't flatten
it's not that you're dying and you extend yourself beyond
/wher the human eye can see
it's that one spends a good part of life in the air
in the air that is powdered glass little waves devouring
the whisper of the voice within us
when you said it was fear you said it was ropes, not ropes,
/it was spines
within, but it was an elevator closing
face up on the floor
I walked among the lyrics of sad tangos
in the plazas and arterials leading to bridges
I walked in the current between two Sunday women
and on the contrary
I walked despite the sweet grudges against June
while the doors rattled so that we could look and
/touch ourselves
without shyness, but I could not
feed the wolf asleep under the table
what childhood dream did he come from
from what blood from what wet Edenic swamp
she is no one, do not touch her breasts
do not bite her in her night-bouquet of shadow
so female this half of your life
who will you tell
and when you are finally able to open your eyes

al viento van tus días, míralos bien
abre por fin al jardín
acabo de arrancarte de tu tronco ennegrecido
puesto que por fin punza en la nuca la vida
y también en este poema, míralo bien
está escrito con el ruido entrecortado que nos separa
/de los muertos
y con otros ruidos que yo mismo provocaba de forma torpe
apuntando con palabras nítidas de cuarzo
cuando decíamos qué frío
y decíamos qué miedo
y decíamos qué estupidez eso de las raíces
y el amor decíamos ¿se le reconoce?
que la verdad no quede sin ser dicha
y decíamos vientre busto de mármol apúrate
y violentos negando decíamos el deseo no se puede negar
y decíamos como si nunca hubiéramos dicho
y bastaba
pero cambia
todo cambia
y todo se afila
y después estalla.

dare to look
your days blow by, regard them well
open the garden at last
I just managed your blackened trunk
as it finally pierces into the nape into life
and into this poem, too, regard it well
it is written with the faltering noise that separates us
/from the dead
and with other sounds that I myself clumsily provoke
pointing with sharp quartz words
when we said what cold
and we said what fear
and we said how stupid is that about the roots
and of love we said, will we be able to tell?
that the untold truth will not remain
and we said underside marble bust hurry up
and violently refusing we said desire cannot be denied
and we spoke like we had never spoken
and it was enough
but it changed
everything changed
and everything sharpened
and exploded.

Declaración

Soy del lugar en que vivo
del olor de amor impregnado en la almohada
de la palabra que lo abarca todo
y no me permite desdecirme
y soy de un puente entre este mundo y otro tiempo
que transcurre ante el espejo
y soy como si no fuera, pero soy todos
y a veces no soy
por voluntad propia.

Declaration

I am of the place I inhabit
of love's scent pressed into the carpet
of the all-encompassing word
that forbids me to go back
and I am of a bridge between this world and another time
unfolding before the mirror
and it is as if I did not exist, but am all
and sometimes, willingly,
I am not.

Yosie Crespo (Cuba/EEUU, 1979). Nació en Cuba, es una poeta y narradora que piensa en inglés y escribe en español, textos en los cuales se encuentran las culturas cubana y anglosajona en un terreno que nunca es neutral. Se interesa por la relación dentro del poema de aquellos elementos que hacen hablar a un yo distinto del escritor que asume el texto.

Desde los diez años ha vivido en varias ciudades de los Estados Unidos, ha aprendido y escrito de sus costumbres y en el presente reside en la ciudad de Naples, Florida, se considera una escritora cubanoamericana con profundas raíces anglosajonas y un profundo legado ibérico. De padre y abuelos españoles y de herencia judía, un tema que le obsesiona en literatura es el de la identidad.

Con *Solárium* obtuvo en 2011 el Primer Premio "Nuevos Valores de la Poesía Hispana" convocado por las Ediciones Baquiana y el CCE (Centro Cultural Español) de Miami, Estados Unidos. Ese propio año recibió Primer Premio del IV Concurso Juvenil de Poesía Federico García Lorca y fue Premio Internacional en la categoría de Cuento Corto en la Feria del Libro de Buenos Aires, Argentina. Otro de sus poemarios *Como si fueran grullas fugitivas* resultó finalista del Premio Paz de Poesía 2016, convocado por National Poetry Series, en Nueva York. Primer Premio Victoria Urbano 2019 *a la mejor obra creativa* por su libro de poemas *Estrella de ocho puntas* convocado por la Asociación de Estudios de Género y Sexualidades (AEGS).

Tiene publicados tres libros de poesía: *Solárium* (Ediciones Baquiana, Miami, 2011), *La ruta del pájaro sobre mi cabeza* (Ediciones Torremozas, España, 2013) y *Caravana* (Editorial Letras Cubanas, Cuba 2018 y El Quirófano Ediciones, Ecuador 2015).

Yosie Crespo (Cuba/United States, 1979). Born in Cuba, she is a poet and writer who thinks in English and writes in Spanish. In her texts, Cuban and Anglo-Saxon cultures meet in a landscape where nothing is neutral. She is interested in the interaction of those elements within the poem, forcing an *I* to speak—an *I* that is distinct from the writer of the text.

Since the age of ten, she has lived in different cities across the United States, has learned and written of its ways, and now resides in the city of Naples, Florida. She considers herself a Cuban-American writer with both deep Anglo-Saxon and Iberian roots. Born to a Spanish father and grandparents and to Jewish heritage, her literary obsession is the theme of identity.

For her collection, *Solárium*, she won the First Prize "New Values of Hispanic Poetry" in 2011, awarded by Ediciones Baquiana and the Centro Cultural Español of Miami. That same year, she received First Prize in the Fourth Federico García Lorca Youth Poetry Contest and the International Prize for Short Stories at the Buenos Aires Book Fair. Another collection, *Como si fueran grullas fugitivas* (*As if They Were Fugitive Cranes*) was a finalist for the Paz Prize for Poetry in 2016, given by the National Poetry Series in New York City. The 2019 Victoria Urbano Prize for Best Creative Work was awarded to her book of poems, *Estrella de ocho puntas* (*Eight-Pointed Star*), by the Asociación de Estudios de Género y Sexualidades (AEGS).

She has published three books of poetry: *Solárium* (Ediciones Baquiana, Miama, 2011), *La ruta del pájaro sobre mi cabeza* (*The Bird's Path Above My Head*) (Ediciones Torremozas, Spain, 2013), and *Caravana* (Editorial Letras Cubanas, Cuba, 2018 and El Quirófano Ediciones, Ecuador, 2015).

TRADUCTORA:
Hilary Vaughn Dobel es una poeta y traductora del español al inglés. Su trabajo ha aparecido en Plowshares, Kenyon Review Online, Boston Review y el New York Times. Es la traductora de Nine Coins del escritor Carlos Pintado (Akashic Books) y The Clouds de Juan José Saer (Open Letter Books), que fue nombrado Mejor Libro en Traducción por la NPR. Hilary tiene un Licenciatura de la Universidad de Princeton y ha recibido becas de la Universidad de Chicago, la Universidad de Columbia y el Centro de Trabajo de Bellas Artes de Provincetown.

TRANSLATOR:
Hilary Vaughn Dobel is a poet and Spanish-to-English translator. Her work has appeared in Ploughshares, Kenyon Review Online, Boston Review, and the New York Times. She is the translator of Nine Coins by Carlos Pintado (Akashic Books) and The Clouds by Juan José Saer (Open Letter Books), which was named a Best Book in Translation by NPR. Hilary holds an AB from Princeton University and has received fellowships from University of Chicago, Columbia University, and the Provincetown Fine Arts Work Center.